AF385264

CATÉCHISME

DES DROITS

ET DES DEVOIRS

D'ÉLECTION,

POUR

Les Assemblées primaires et électorales
de l'an 5.ᵉ de la République;

PAR J. D., CITOYEN FRANÇAIS.

» Les Citoyens se rappelleront sans cesse que c'est
» de la sagesse des choix dans les Assemblées
» primaires et électorales, que dépendent prin-
» cipalement la durée, la conservation et la
» prosperité de la République. »

Article 376 de la Constitution.

A PARIS,

DE L'IMPRIMERIE DE LA RÉPUBLIQUE.
Nivôse, an V.

Se trouve à PARIS,

Chez le citoyen *Rondonneau*, au Dépôt des Lois, Place du Carrousel.

CATÉCHISME

DES DROITS

ET DES DEVOIRS

D'ÉLECTION,

Pour les Assemblées primaires et électorales de l'an 5.e de la République française.

AUX FRANÇAIS.

LA Constitution a déterminé les règles du droit d'élire ; j'essaie d'en tracer les principes. Peuple fait pour le bonheur et la liberté ! toi que des passions étrangères ont si long-temps tourmenté, dans ce moment où tu vas

A 2

décider toi-même de ta prospérité, de ta tranquillité future, écoute lés leçons de ta propre expérience. Les mauvais choix dans ceux que tu chargeas de ton autorité, ont amené la désolation intérieure, ont encouragé les espérances de ceux qui veulent te rendre tes fers, et ont prolongé la guerre, l'horrible guerre qui fait pleurer même sur la victoire.

Garde-toi de tes ennemis : les uns viendront au nom de tes droits, ils s'en constitueront exclusivement les défenseurs, et leur ambition ulcérée médite de nouveaux crimes : les autres viendront au nom de l'ordre et de l'humanité ; ils s'intituleront les réparateurs des calamités révolutionnaires, et leur cœur, nourri d'orgueil et de privilèges, fonde sur les places auxquelles ils prétendent, l'espoir d'une révolution

nouvelle, d'un bouleversement des for-
tunés plus absolu, plus sanglant que le
premier. Ils aspirent après le pouvoir,
pour être en mesure d'exercer d'horri-
bles vengeances, d'affreuses représailles.
O vous ! à qui la Constitution, frêle
enfant né au sein des orages, a été
remise, veillez sur sa conservation :
vous, sur-tout, pères, mères de famille,
ne souffrez pas qu'elle coure le risque
d'être altérée ou attaquée ; tout ce que
vous avez de cher en dépend. Serrez-
vous autour d'elle, autour du Gouvernement qui la défend, et examinez
l'intérêt secret de ceux qui vous con-
seillent.

J'ai passé six ans consécutifs dans
différentes places ; je ne désire plus
que les douceurs de la vie privée et obs-
cure. L'anonyme que je garde, garantit
la sincérité de mes vœux à cet égard ;

mais je connais la révolution, j'aime mon pays, je désire la paix, je veux le maintien de la Constitution de l'an 3 ; c'est pour concourir à ces fins, que je vous offre le résultat des méditations d'un homme libre et probe.

J. D.

CATÉCHISME.

Des Fins de l'Élection.

D. QU'EST-CE qu'une élection ?

R. C'est l'acte par lequel on choisit un ou plusieurs individus à qui l'on donne le droit d'exercer une fonction quelconque déterminée.

D. Le droit d'élection, dans notre République, est-il important ?

R. Il l'est, et par sa nature, et par ses effets. Par sa nature : c'est le plus bel attribut d'un homme libre, que de choisir ceux qui doivent lui donner des lois, le gouverner, l'administrer, le juger. C'est en ce sens seulement que, dans le régime représentatif, il exerce la souveraineté ; c'est par ce droit qu'il est *citoyen*, et non plus *esclave* ni *sujet*.

Le droit d'élection est important par ses résultats : en effet, si c'est la passion, la cupidité, le caprice, l'insouciance ou l'intérêt personnel qui choisissent, on doit s'attendre que les citoyens élus se laisseront conduire par les mêmes défauts, et que le pouvoir qu'on leur aura délégué, ils s'en serviront pour se venger, pour acquérir des richesses, pour satisfaire leurs caprices ou leur ambition servile, et nullement pour faire des lois sages, pour administrer avec économie, et juger avec justice. En un mot, de bons choix garantissent les intérêts du peuple, et c'est sur lui que retombent les mauvais. Jamais, dit *Tacite* (1), on n'a exercé

---

(1) *Nemo enim unquam imperium flagitio quæsitum bonis artibus exercuit.* (Tacit. Hist.)

d'un manière honorable un pouvoir acquis par des moyens infames.

D. Pourriez-vous appuyer ces considérations par des exemples !

R. L'histoire de notre révolution n'en offre que trop. Il est certain que, sans les nominations *à la Maury* et *à la Marat*, nous aurions pu obtenir plutôt, et sans secousses, la République, et ne pas la voir souillée plus tard par des crimes. Mais, pour ne pas paraître faire une satire et réveiller des haines, en prenant chez nous des exemples récens, qui laissent dans l'ame des citoyens trompés un si douloureux souvenir, consultez l'histoire ancienne. *Cicéron* et *Catilina*, c'est-à-dire, le plus vertueux, et le plus pervers des Romains, concoururent ensemble pour le consulat. Le choix du peuple se porta sur le premier; il sauva la République, que l'autre était près de bouleverser. *Clodius* obtint le tribunat; il remplit Rome et les provinces de sang et de carnage. *Caton* et *Petitius* briguèrent ensemble le même emploi : *Caton* fut rejeté ; son concurrent diffamé vendit à *César* la faveur d'un peuple aveuglé, et la liberté.

D. Le peuple court-il souvent le risque d'être égaré dans ses choix !

R. Oui, spécialement à la fin d'une révolution. Le peuple court le risque d'être trompé en tout temps, parce qu'il ne s'arrête guère qu'à l'impulsion du moment, si l'on ne prend le soin de lui présenter d'autres objets de comparaison. D'ailleurs, comme, en général, la bonne foi et même la crédulité le caractérisent, ce sont autant de prises qu'il donne sur lui à la ruse, à la perfidie, à la dissimulation de ceux dont l'intérêt est opposé au sien.

Ce danger est plus grand à la fin d'une révolution, parce qu'alors les commotions

violentes que cette révolution a causées,
étant encore récentes, et ayant aigri les
esprits, les intrigans en ont plus de
facilité pour tromper le peuple, pour
se faire regarder comme ses sauveurs, et
le mener au gré de leurs viles passions,
en lui persuadant qu'ils n'agissent que
pour le servir.

D. Le peuple est-il capable de juger
sans passion ?

R. Oui, quand le souvenir des dé-
sastres qu'il a éprouvés par la précipi-
tation et l'inconsidération, lui est encore
présent. D'ailleurs, il est éminemment
susceptible de la grande passion du bien
général, qui n'est, au fond, que l'intérêt bien entendu de chaque citoyen.

D. Est-il possible de servir à la fois
son intérêt privé et l'intérêt public ?

R. Si ces deux intérêts sont opposés,
je réponds que non ; et comme le

commun des hommes en place n'est point encore composé d'Aristides et de Fénélons, j'ajoute que, dans ce conflit, ce sera l'intérêt du peuple que l'on sacrifiera.

D. Mais comment les citoyens sauront-ils se garantir de tous ces piéges, et distinguer les hommes dont l'intérêt n'est point opposé au leur !

R. En les leur faisant connaître, en les éclairant sans relâche.

D. A qui ce devoir est-il imposé !

R. Au gouvernement d'abord, puisqu'il n'est institué que pour garantir au peuple ses droits, et qu'il est évident que celui d'élection est le plus précieux et le plus important de tous ; aux patriotes instruits ensuite, parce qu'il s'agit de leur chose propre, la patrie ; et que l'honneur d'avoir contribué à la paix et à la prospérité publique, doit être le

bût

but immuable de leurs travaux , et le prix le plus doux de leurs sacrifices.

D. Vous dites qu'il faut éclairer les élections : que pensez-vous de ceux qui croient qu'on ne peut que les enchaîner ou les corrompre !

R. Je dis qu'ils insultent à la majorité des citoyens , et qu'ils leur prêtent gratuitement leurs propres vices , en les supposant essentiellement imbécilles ou corruptibles. On ne peut faire de semblables suppositions à l'égard du peuple en assemblées primaires , sans , à l'instar des privilégiés d'autrefois , le traiter , dans son cœur , de *canaille abjecte ,* et compter sur ses fautes : raison de plus pour les prévenir , puisque ses ennemis les désirent.

On peut être un paysan de bon sens , étranger aux artifices d'un mielleux intrigant, comme à ses connaissances superficielles , et souvent n'en valoir que

B

mieux , n'en être que plus propre à distinguer le bien du mal, et à se porter , avec ardeur vers la vérité. Voyez si les habitans des cantons démocratiques de la Suisse , instruits dès long-temps de leurs droits , flottent entre la corruption et l'esclavage.

D. Ne craignez-vous pas qu'une telle conduite ne fasse accuser le gouvernement de tyrannie, et les patriotes d'ambition ?

R. Sans doute tout ce qui empêchera la malveillance de parvenir à ses fins, sera par elle calomnié. Mais ne serait-ce pas lui donner trop beau jeu, que de rester dans l'inaction pour obtenir qu'elle se taise ! Depuis long-temps elle redouble d'efforts : pamphlets , injures, émeutes, elle n'a rien épargné ; et nous nous reposerions du soin de l'arrêter, sur la chance des événemens ! Non; son but est de corrompre le peuple pour l'enchaîner :

il est d'étroite obligation, pour tous les bons citoyens, de dissiper ces erreurs, et de briser ces chaînes.

D. Comment y parviendront-ils !

R. 1.º En donnant, à l'avance, la plus grande publicité à tous ces projets d'émeutes, de mouvemens, de conspirations, à l'aide desquels on veut précipiter la nation dans les bras du despotisme.

Enfin, le second moyen à employer pour nous préserver de cette horrible calamité, est d'indiquer sur quels principes les choix doivent être faits, pour qu'ils soient conformes à l'intérêt du plus grand nombre des Français, et conséquemment à celui de ses magistrats.

D. Vous ne croyez donc pas que les gouvernans doivent avoir un intérêt différent que celui des gouvernés !

R. Pas plus que je ne crois que la majorité nationale puisse désirer le retour

B 2

de l'esclavage, des dixmes, des champarts, des seigneurs à donjon, des gabelles, des droits de chasse, la reprise des biens nationaux, et même la spoliation des propriétés patrimoniales, pour servir d'indemnités aux émigrés.

L'intérêt de la majorité nationale, c'est la paix et le bonheur, ce qui ne peut exister sans la liberté et sans notre Constitution. Celui qui prête d'autres désirs à la nation, la suppose dans le délire, ou ne la croit bonne qu'à être dirigée comme un troupeau de bêtes ; et c'est dans ce sens que l'intérêt du pâtre est différent de celui de son troupeau.

Des principes qui peuvent assurer le succès de l'Élection.

D. QUELS sont les principes qui peuvent conduire les citoyens à faire de bons choix lors des prochaines élections !

R. Il en est un essentiel ; c'est la volonté ferme et décidée de maintenir la Constitution républicaine actuelle.

D. Comment cette volonté suffira-t-elle à faire de bons choix ?

R. En ce que son effet assuré sera d'écarter ceux qui n'aiment point cette Constitution ; ceux qui apporteraient dans les fonctions publiques des intentions douteuses, des idées opposées à celles qui forment notre système politique actuel, et qui, par conséquent, tendraient à le renverser, ou à en paralyser l'action.

D. Est-ce qu'il serait impossible de servir *par honneur* un gouvernement que l'on n'aimerait pas ?

R. Ce n'est point lorsqu'une révolution est encore sensible, qu'il faut se fier à une pareille garantie. Il y a très-peu de ces vertus sublimes ; et, dans tous

B 3

les calculs , c'est toujours une grande erreur que de transformer une exception en thèse générale.

D. La volonté de maintenir la Constitution républicaine , n'aura-t-elle que l'effet dont vous parliez plus haut !

R. Elle aura de plus celui de répartir les hommes pour les fonctions, et non plus les fonctions pour les hommes. On examinera d'abord si le candidat est patriote; et, en second lieu , s'il est propre à la chose. L'ignorance brutale d'un despote peut bien faire d'un architecte un cuisinier , et d'un cuisinier un entrepreneur de bâtimens ; l'homme sensé ne confiera à ces deux *brévetés* ni le soin de sa table , ni celui de son logement. Celui qui veut que la besogne marche , n'oublie point la maxime , *chacun son métier*.

D. Vous ferez donc des classes d'inéligibles !

R. C'est précisément parce que je veux que chacun exerce ce à quoi il est propre , qu'il n'y aura point de classes d'inéligibles. Je laisse là toutes ces dénominations injurieuses , inventées par les partis , et qui ne servent , comme on l'a dit cent fois , qu'à attiser les haines ; mais , puisque j'ai à choisir , il faut que je balance les convenances pour me décider. Par exemple , je ne nommerai pas , pour me faire des lois , celui que je sais avoir constamment , par préjugé ou par toute autre cause , détesté la révolution comme une rebellion digne du dernier supplice. Le bon sens me dit qu'un homme dont l'esprit est ainsi tourné , n'userait du pouvoir que j'aurais la folie de lui confier , que pour m'opprimer; il ne me pardonnera ni mon civisme, ni mon habit de garde national , ni mes enfans aux frontières , ni ma place d'administrateur ou de juge, ni mes biens nationaux : je ne serai, à ses yeux, qu'un factieux plus ou moins coupable. Je plains l'erreur de cet homme-là ; mais cette compassion n'est point un titre pour déterminer mon choix en sa faveur. Je ne l'exclus pas, mais je ne le crois pas propre à la chose.

Par la même raison, j'écarterai cet autre, qui pense que notre Constitution n'est pas assez populaire. Une nouvelle révolution fermente dans ces deux têtes, et je ne veux plus de révolution nouvelle. Les hommes timides ont besoin de se rapprocher, et l'aspect de ces caractères turbulens les disperserait de nouveau.

Celui-là a pillé, pressuré, n'a point rendu de comptes ; chacun se récrie contre le scandale de sa fortune subite : on se demande comment il a pu acquérir et payer tant de biens coup sur coup. Je ne le nommerai pas plus pour *adminis-*

trateur national, que je ne le prendrais pour mon intendant, si la mode des intendans existait encore.

Celui-ci est dur, hautain, méprisant pour le pauvre; il fut jadis ministre des exactions seigneuriales, rampant devant les grands d'autrefois, despote et tyran envers les petits. . . . Tu ne disposeras ni de ma fortune, ni de ma vie; je ne te prendrai point pour *juge*.

D. Mais vous faites-là un terrible triage !

R. Ce n'est qu'en se montrant difficile sur les choix, qu'on peut engager les citoyens à les mériter. Quand il ne faut ni vertu ni mérite pour être placé, on se dispense volontiers de se mettre en frais pour en acquérir. Ce n'est ni le procureur-fiscal, ni le secrétaire du roi, ni l'intendant ou le subdélégué, ni le clubiste à prétentions, que l'on écarte; c'est l'homme qui ne s'est pas donné la peine d'être instruit des devoirs de la place qu'il ambitionne, ou qui a compté comme le moindre de ses devoirs, celui d'être républicain pour exercer une fonction dans la République.

D. Nommeriez-vous des prêtres ou des parens d'émigrés ?

R. Je réponds franchement, non ; j'en connais assurément de fort estimables, et auxquels je préférerais peu de personnes ; mais nous sommes encore trop près de nos derniers changemens pour négliger les précautions qui peuvent nous en éviter de nouveaux. L'opinion publique, si tourmentée, si dépravée, demande à être rassurée, régénérée ; et nous ne pouvons nous dissimuler qu'au moment où le fanatisme et la fureur nobiliaire sont armés contre la République, ce serait une imprudence coupable que de remettre les fonctions républicaines aux mains de ceux que les sentimens de la nature ou l'identité des opinions religieuses, rendent les amis et les associés de nos ennemis. De pareils choix alarmeraient, à juste titre, le citoyen ami de la paix, qui ne peut être solide avec des troubles intérieurs, le défenseur de la patrie combattue par les émigrés, et l'acquéreur des biens nationaux. Pour donner confiance à quelques-uns, il ne faut pas l'ôter à tous. Pour être utile à ceux que le calme rapproche du vaisseau républicain, il ne faut pas jeter l'inquiétude et la douleur dans l'ame de ceux qui ont partagé tous les dangers de la traversée.

D. A quels signes peut-on reconnaître le vrai républicain, l'homme justement éligible !

R. Vous le reconnaîtrez, s'il est humain, s'il est juste, s'il a constamment servi son pays et ses semblables, si sa probité est intacte. *Patriotisme* et *probité*, telles sont les premières qualités. L'instruction et les lumières viennent ensuite, sur-tout dans une Constitution établie, parce que la probité et l'amour de son pays peuvent les suppléer quelquefois, au lieu qu'elles ne les suppléent jamais.

D. Pourquoi dites-vous dans une Constitution établie !

R. C'est que s'il faut de grands talens pour créer un gouvernement, l'affection à ce gouvernement et l'intégrité sont essentielles pour le maintenir. *Conserver* exclut des vices qu'*acquérir* exige ou tolère quelquefois.

D. Vous ne voulez pas sans doute faire l'apologie de l'ignorance !

R. Non, puisque dans les qualités nécessaires à l'homme public, je mets les lumières immédiatement après la probité. Mais si j'avais à choisir entre l'honnète homme doué du seul bon sens naturel,

naturel , et un intrigant rempli de connaissances , je ne balancerais pas , mon vœu serait pour le premier ; l'instruction , pour le second , n'est qu'un moyen de plus d'être nuisible aux autres.

D. Outre les garanties que vous venez d'énoncer , n'en désireriez-vous pas une autre !

R. Dans tout gouvernement elles doivent suffire ; dans le nôtre , j'y ajouterais celle d'être acquéreur de domaines nationaux.

D. Quels sont les motifs de cette condition !

R. Parce qu'alors , généralement parlant , l'intérêt commun a pour base l'intérêt individuel , et que la République n'a point à craindre de voir réintroniser le clergé ou les émigrés , par des hommes qui , se confiant à la loyauté nationale , ont placé leur fortune sur les biens confisqués de nos ennemis.

C

D. Ces principes laisseront-ils une grande latitude à vos choix !

R. Je vous ai déjà dit que, même lorsque le cercle en serait resserré, il valait mieux souffrir cet inconvénient que de s'exposer à mal choisir. Mais, au fond, non, je ne pense pas que la liste des candidats faits pour les places, soit bornée. Je vois en France une foule d'hommes étrangers à tous les partis, et qui ne demandent qu'une bonne direction pour se montrer. Le cultivateur intelligent, l'ouvrier industrieux, le négociant économe, le militaire patriote, l'homme de lettres qui n'a point vendu sa plume, le défenseur des droits du pauvre ; tous ces hommes composent la grande majorité des classes de la société. Si les oisifs ou les ambitieux paraissent plus nombreux, c'est qu'ils font plus de bruit, c'est qu'ils s'agitent davantage. Quant aux mécontens, diminuez leurs justes sujets de crainte, et vous les ramenerez bien vîte. Que le citoyen paisible n'ait plus à redouter les convulsions du régime révolutionnaire ; que le propriétaire ne voie point l'autorité déposée entre les mains d'hommes qui maudissent la vente des biens nationaux , ou dont l'intérêt et peut-être les vues secrètes , sont de l'en dépouiller, le gouvernement sera appuyé , défendu ; et s'il a besoin de sacrifices , l'intérêt personnel trouvera son compte à les lui faire.

D. Mais cette espèce d'exhérédation politique ne peut-elle pas pousser à des excès funestes les royalistes , les aristocrates , et les anarchistes !

R. Si le tableau de la félicité nationale ne les *amène* pas à des sentimens meilleurs pour la partager avec leurs concitoyens , l'aspect de l'union publique les *contiendra ,* ou le développement des lois et de la force commune les *réprimera*. Enfin , lorsqu'il n'y aura plus qu'une voix pour se procurer son bien-être, la folie et la méchanceté pourront seules se jeter dans les routes qui doivent les perdre infailliblement.

D. Outre les avantages généraux des choix bien faits, le citoyen qui aura mis tous ses soins à cette importante opération, n'en recueillera-t-il pas d'autres fruits !

R. Retiré chez lui, il goûtera l'inexprimable satisfaction d'avoir rempli un devoir sacré, et suivi l'impulsion de sa conscience. Il s'honorera, comme de son propre ouvrage, des bonnes lois faites par ses mandataires, de l'administration paternelle et de la conduite équitable de ses délégués. Il ne craindra point que l'homme à qui sa voix aura été donnée, veuille lui ravir le produit de ses travaux journaliers pour détruire l'ordre de choses établi. Par la même raison, si, pour me

servir de vos expressions , si des *roya-*
listes , des *aristocrates* ou des *anar-*
chistes , qui se seraient glissés dans les
places , parviennent à troubler momenta-
nément la tranquillité publique , il n'aura
point à se reprocher d'avoir participé
implicitement à leurs actes criminels , en
concourant à leur nomination. Combien
n'ont pas dû gémir les hommes honnêtes
qui ont pu donner leurs suffrages au
plus méprisable des tyrans ; et que de
larmes amères n'auraient point à verser
ceux qui croiraient effacer la honte de la
nomination de *Robespierre ,* en le rem-
plaçant par *Charrette* et ses *brigands.*

D. Quels seront , dans cette opération ,
les plus réels ennemis du peuple ?

R. Les préjugés.

D. Qu'entendez - vous par ce mot
préjugé ?

R. Une opinion sans jugement.

D. Comment donner au peuple une opinion appuyée sur un jugement refléchi !

R. C'est l'objet de ce catéchisme.

D. Les républicains veulent-ils la paix !

R. Quelle demande vous me faites ! les républicains sont les seuls qui veulent la paix sincèrement ; et la meilleure preuve de ce que j'avance, c'est qu'ils sont très-scrupuleux pour ne l'admettre que solide, sûre et honorable. Une paix plâtrée ne durerait pas six mois. En effet, il est deux manières de faire la paix : l'une, qui nous garantisse les fruits de sept ans de révolution, qui affermisse notre Constitution et le gouvernement qu'elle a établi, qui assure au défenseur de la patrie ses indemnités, et à son père ses acquisitions. Cette paix, nous la voulons, et rien ne nous coûtera pour la donner à l'Europe ; mais celle qui consisterait à nous ôter toutes nos ressources et à décupler celles de nos ennemis , celle qui nous obligerait de licencier nos armées , tandis que l'ennemi conserverait les siennes pour nous attaquer , nous subjuguer, nous brûler, nous piller à sa volonté, celle qui lui livrerait les clés de nos frontières , celle qui nous préparerait une nouvelle révolution ; celle-là nous n'en voulons pas ; il vaut encore mieux mourir , s'il le faut , en se défendant , que se laisser égorger en détail et sans résistance. La paix de la République , nous la demandons , nous l'implorons ; la paix des émigrés , la paix de la guerre civile , nous l'exécrons. Nous ne devons point laisser à nos ennemis , le cruel plaisir de nous voir à leur aise et sans risque , nous déchirer de nos propres mains; il faut que la paix les intéresse eux-mêmes à la conservation de la République.

D. Ne demandez-vous pas trop ?

R. Justice et *liberté*, c'est le droit des gens.

D. Quel croyez-vous que sera le plan des ennemis de la République pour corrompre les élections ?

R. Il est clair : calomnier tous les républicains, leur imputer tous les maux de la révolution, les représenter comme antagonistes de la Constitution, parce qu'ils ne veulent pas la livrer aux royalistes ou aux anarchistes, et sur-tout les proclamer ennemis de la paix, parce qu'ils la veulent telle que le retour de la guerre soit impossible.

D. Mais n'est-il pas à craindre que le souvenir de l'odieuse tyrannie décemvirale ne l'emporte sur la juste horreur que doit exciter la multiplicité des abus de l'ancien régime, et qu'en nous montrant seulement le repos apparent du gouvernement monarchique, on ne nous fasse perdre de vue l'éternelle servitude que son retour nous amenerait !

R. C'est pour cela même qu'il ne faut point se lasser de s'éclairer mutuellement, et qu'il est sur-tout important de répandre cette vérité ; savoir , qu'une révolution ne peut se détruire que par l'anéantissement total et successif de tout ce qui a pu la servir de près ou de loin. Sans doute les prétendans au pouvoir royal , et leurs agens , ne commenceront pas par nous dire que la mort et l'esclavage des hommes libres sont nécessaires à leur sûreté , et qu'il faut en passer par-là : au contraire , ils ne manqueront point de mettre en avant les promesses les plus séduisantes : « On vous vengera de vos ennemis , vous » serez tranquilles ; on ne vous deman- » dera rien ; on s'arrangera avec le » clergé , vous aurez l'amitié du prince » ou de votre seigneur , vous serez » conseiller d'état , bailli , receveur ,

» procureur du roi , &c. &c. » Mais
une fois le despote rétabli, les exactions
et le pillage seront indispensables pour
remplir ses coffres , pour acquitter ses
engagemens , payer les pensions des
favoris , et satisfaire le luxe des courti-
sanes : les exécutions et la *terreur*, la
terreur sans fin, sans terme, sans mesure , seront employées pour étouffer
jusqu'au moindre germe de liberté. Malheur alors au père dont le fils aura com-
battu pour la République! malheur au
défenseur mutilé , à l'acquéreur de biens
nationaux , au fonctionnaire républicain,
tout leur sera imputé à crime ; la trahison
même n'expiera point les actes antérieurs
faits pour la révolution; les uns seront
immolés par la peur, et les autres pour
l'exemple. Déjà, quelques - uns de ces
chevaliers errans , qui comptent sur la
contre-révolution , ont imprimé qu'il
fallait leur accorder *deux mois de ven-*

geances arbitraires , pendant lesquels ils pourraient proscrire , tuer et piller à leur gré.

Que la Providence, amie de la France, éloigne de nous ces affreux présages , en pénétrant tous les cœurs des citoyens , des fonctions qu'ils vont exercer ! Qu'ils se rendent tous dans leurs assemblées ; que la Constitution soit leur boussole ; ils vont décider de leur fortune et de leur vie ; *et qu'ils se rappellent sans cesse que c'est de la sagesse des choix , dans les assemblées primaires et électorales , que dépendent principalement la durée , la conservation et la prospérité de la République.*

F I N.